AF400022

Christoph-Maria Liegener

Rückkehr zum Ur-
vertrauen

Die Frage nach Gott in der weiblich werdenden Welt

Herstellung und Verlag:
BoD – Books on Demand, Norderstedt

Umschlagbild: Rechte beim Autor

ISBN: 9783752670370

Inhalt

Vorwort

Gewaltige Umbrüche finden fast unbemerkt in unserer Gesellschaft statt. Das ist dadurch möglich, dass sich diese Veränderungen Schritt für Schritt über Jahrhunderte vollzogen haben. Wenn man sie identifiziert, zeigt es sich, dass der Vorgang als die bisher letzte Transgenderisierung der Menschheit bezeichnet werden kann. Es gibt tatsächlich mehrere Wandlungen dieser Art in der Menschheitsgeschichte und sie haben auch unsere Religiosität beeinflusst.

Die Frage nach Gott hat sich in den letzten Jahrhunderten gewandelt und auch die Art, wie wir zu Gott stehen. Es handelt sich keineswegs um eine Abkehr von Gott, eher um eine Individualisierung unseres Verhältnisses zu Gott.

Um die entsprechenden Änderungen in
unserer Frage nach Gott soll es hier gehen
und um ein Verständnis dieser Änderungen im Licht der Transgenderisierungen
der Menschheit.

Dr. Dr. Christoph-Maria Liegener

Die Frage nach Gott

Früher hat man sich und andere oft gefragt: „Glaubst du an Gott?" Ich kenne die Frage noch aus meiner Jugend und habe damals gern darüber diskutiert. Heute höre ich sie nicht mehr. Vielleicht, weil ich inzwischen zu alt dafür bin? Nein, ich glaube, daran liegt es nicht.

Den meisten, denen man heute diese Frage stellt, ist das unangenehm. Sie glauben zwar an irgendeinen Sinn des Lebens, tun sich aber schwer, den vorgegebenen Wegen der Religionen zu folgen. Die Frage einfach mit „ja" oder „nein" zu beantworten, erscheint ihnen zu einfach. Man ist sich nicht sicher, welcher Gottesbegriff gemeint ist, konnte meist selbst zu keinem Ergebnis in dieser Frage kommen.

Der neue, noch nicht allgemein anerkannte Trend in der Religion ist: weg vom Dogmatismus, hin zum Individualismus. Eine Folge der weiblich werdenden Welt (Liegener C.-M. , 2017a, 2020). Denn Frauen handeln intuitiv, Männer rational. Männer entwerfen Theorien, Frauen folgen ihrem Instinkt. Männer entwerfen Systeme, machen Vorschriften, Frauen lassen Freiräume, bilden Individualität aus.

Die Religion passt sich ihrer Zeit an. Zur Zeit der Inquisition hielt man es für richtig, jedes Lebensdetail vorzuschreiben und diejenigen, die sich nicht daran hielten, als Ketzer zu verbrennen. Heute nicht mehr. In tausend Jahren wird man, wenn es die Menschheit dann noch gibt, womöglich wiederum ganz anders denken.

Es dürfte durchaus sinnvoll sein, über den Wandel der Frage nach Gott in der weiblich werdenden Welt nachzudenken. Lösen können wir die Frage nicht. Das zu glauben, wäre Hybris. Aber wir können beobachten, wie unsere Einstellung zu dieser Frage sich mit der Zeit ändert. Das kann uns helfen, zu einem unserer Prägung angemessenen Umgang mit der Frage zu kommen. Mit anderen Worten: Wir können identifizieren, was sich für uns richtig anfühlt und was nicht. Das ist nicht unwichtig.

Die Frage nach Gott wurde oft diskutiert (Scherer, 2001, Link-Wieczorek & Swarat, 2019, Schaefer, Ratschow, Mommsen, 1970, Hoerster, 2010, Thielicke, 1973, Diehn, 1971, Wegscheider, 2012, Pracher, 2009, Brugger, 1980). Ein Teil der Fragestellung könnte heute vereinfacht lauten: „Existiert Gott?" Diese Fragestellung, so einfach sie klingt, muss aber selbst erst einmal hinterfragt werden. Kann man überhaupt so fragen?

Eine Existenz Gottes im irdischen Sinn ist nicht etwas, was man Gott zuschreiben kann. „Existenz" ist ein Begriff unserer Vernunft, Gott aber übersteigt jede Vernunft. Solche irdischen Begriffe werden Gott nicht gerecht.

Die Frage nach Gott nicht beantworten zu wollen, ist nicht neu. Zunächst ist wie gesagt die Frage nach seiner Existenz problematisch. Ferner kann auch der Sinn der Frage angezweifelt werden. Blaise Pascals berühmte Wette auf Gott ist ein Beispiel für diese Haltung: Es ist nützlicher, auf Gottes Existenz zu setzen als dagegen. Man muss nicht von Gott überzeugt sein, um an ihn zu glauben. Natürlich geriete die Aufrichtigkeit des Glaubens und damit seine Wirksamkeit dann in Zweifel. Eine objektive Haltung zu seiner Existenz wäre jedenfalls nicht.

Die Frage nach der Existenz und Natur Gottes ist also eigentlich eine Frage nach etwas, was wir nicht verstehen können, selbst wenn man es uns sagte. Deshalb heißt die Form unseres Umgangs mit dieser Frage: „Glaube". Unwissenheit in dieser Hinsicht herrschte zu allen Zeiten. Nur können wir uns heute denken, dass das, worüber wir da reden, außerhalb der Reichweite unseres Denkens liegt. Das war nicht immer so. Es ist ein Fortschritt, fast schon eine sokratische Unwissenheit: Wir sind uns unserer Unwissenheit bewusst.

So gesehen erscheint uns Gott als unserem Denken unzugänglich, also „undenkbar". Küng hat dazu geschrieben, Gott sei „durch keinen Begriff zu begreifen, durch keine Aussage voll auszusagen, durch keine Definition zu definieren." Er sei „der Unbegreifliche, Unaussagbare, Undefinierbare" (Küng, 2001). Hoerster stellt fest, dass ein solcher nichts aussagender Gottesbegriff „von keinem nennenswerten theoretischen und von überhaupt keinem praktischen Interesse sein" könne (Hoerster, 2010). Trotzdem scheint die gegenwärtige Entwicklung in die Richtung zu gehen, dass man fast nichts über Gott aussagt und doch immer größeres Vertrauen in ihn setzt. Es ist der intuitive Gottesglaube, der das ermöglicht, der Gottesglaube der weiblich werdenden Welt.

Die Frage nach der Existenz Gottes ähnelt der Frage, ob es in einer nach oben beschränkten überabzählbaren Menge reeller Zahlen ein Maximum gibt. Mit anderen Worten, ob ein Intervall offen oder abgeschlossen ist. Beides ist möglich. Ohne eine Definition wird man es nicht wissen und die Definition gibt es in unserem Fall zwar, aber sie wird nicht immer akzeptiert.

Inzwischen wird daher gern der intuitive statt des rationalen Zuganges zu Gott gesucht. Man spürt Gott, ohne ihn beweisen zu müssen.

Wenn es so ist, dann müsste der Gottesgedanke in unserem Inneren verankert sein, so dass wir ihn in der jeweiligen Färbung nur auszugraben brauchten. Warum sollte das so sein?

Ein Ungläubiger würde sagen: Die Evolution hat den Gottesglauben in uns entwickelt, weil er uns stärker macht. Ein Gläubiger würde sagen: Gott teilt sich uns direkt mit. Selbst wenn man von einer Gabe der Evolution ausgeht, bliebe die Schlussfolgerung, dass der Gottesglaube gut für uns ist, dass man ihn hinnehmen sollte. Das Kind sollte nicht klüger als seine Eltern sein wollen. Die meisten Menschen werden in einer weiblich werdenden Welt keinen Grund brauchen, an Gott zu glauben. Man nimmt die Tatsache seines Wirkens als gegeben hin.

Die Frage nach Gott ist in jedem Fall seltener geworden. Es geht den Menschen zwar immer noch ganz vage um einen Sinn des Lebens, aber nicht um „den einen" Sinn, weniger um „die eine" höchste Instanz. War man früher verzweifelt auf der

Suche nach einem tieferen Sinn, so spürt man jetzt intuitiv einen Sinn des Lebens, ohne danach suchen zu müssen. Die Unsicherheit ist verflogen.

Für das Leben, das einem gegeben ist, dankt man, was ja bereits eine Art von Gebet darstellt, spricht aber selten eine Person an, eher eine Art Geist, der alles durchwebt. Wenn man jedoch eine Person anspricht, dann eine, die nach den Vorstellungen des Betenden gestaltet ist, nicht nach objektiven Vorbildern.

Geht man in sich, kann man sich daran erinnern, wie man selbst sich früher Gott vorgestellt hat. Es ist jener Gott aus Kindertagen, zu dem man mit seinen Eltern das Abendgebet gesprochen hat, zu dem man unendliches Vertrauen hatte. Später, in der Schule, im Religionsunterricht, wurde einem dann erzählt, was man angeblich alles über Gott wissen müsse. Auf einmal wurde es kompliziert. Damit begannen die Probleme. Schade um das reine Gottesbild. Zu oft ging es verloren.

Dabei erscheint diese Indoktrination unnötig! Gott ist nicht rational zu verstehen, sondern nur intuitiv zu erfahren. So zumindest die Auffassung in der weiblich werdenden Welt.

Hinzu kommt: Die Bibel als Referenzpunkt stellt ein schwieriges Material dar. Immer wieder ergeben sich für den unvoreingenommenen Leser Widersprüche (z.B. „Gott ist die Liebe" vs. „Ich bin nicht gekommen, um Frieden zu bringen, sondern das Schwert"). Die Theologen können diese Widersprüche scheinbar aufklären, aber es erstaunt doch, dass ein Buch, das die Gläubigen leiten soll, so schwer verständlich ist.

Sicher, manche Textstellen – vor allem aus dem Neuen Testament – sind für den normalen Leser unmittelbar verständlich und für das tägliche Leben hilfreich. Aber das sind sie durch sich selbst. Dazu brauchen sie nicht den Nimbus der Heiligkeit und der Exegese. Der Interessierte wird ihnen folgen, einen Zwang muss man dafür nicht konstruieren.

Für all die Freiheitsliebenden besteht Hoffnung. An einen Gott zu glauben, von dem man sich seine eigene Vorstellung macht, ist heute in der weiblich werdenden Welt möglich geworden. In der früheren männlichen Welt wäre man dafür verbrannt worden.

Die Frage nach Gott gerät damit zu einer Psychotherapiestunde für den Gläubigen. Es geht für ihn darum, herauszufinden, was er eigentlich von Gott erwartet und wie er damit glücklich wird.

Inquisition und Hexenverbrennungen

Einer der schlimmsten Exzesse der männlich geprägten Religionsausübung dürfte die Inquisition gewesen sein. Man berief sich auf Lukas 14, 23:

„Und der Herr sprach zu dem Knecht: Geh hinaus auf die Landstraßen und an die Zäune und nötige sie hereinzukommen, dass mein Haus voll werde." (Lutherbibel)

Mit „nötigen" war der gewalttätige Zwang gemeint (lat. compelle intrare, griech. anankason eiselthein = zwinge sie einzutreten). Der Eintritt in die „rechte Lehre" sollte mit allen Mitteln erzwungen werden.

Das war noch nicht alles an negativen Exzessen. Bis in die frühe Neuzeit verbreiteten sich in großem Umfang Hexenverbrennungen. Auch hierbei berief man sich auf die Bibel, nämlich 2. Mose 22, 17:

„Eine Hexe sollst du nicht am Leben lassen."

Die letzte Ermordung einer angeblichen Hexe ereignete sich 1793.

Offenbar entledigte man sich unbequemer Personen gern durch Verbrennen. Schon Jesus hatte prophezeit: „Ich bin der Weinstock, ihr seid die Reben. Wer in mir bleibt und ich in ihm, der bringt viel Frucht; denn ohne mich könnt ihr nichts tun. Wer nicht in mir bleibt, der wird weggeworfen wie eine Rebe und verdorrt, und man sammelt die Reben und wirft sie ins Feuer, und sie verbrennen." (Joh. 15, 5-6) Dem Feuer schrieb man eine reinigende Wirkung auf die Seelen der verbrannten Menschen zu. So gesehen war das Verbrennen eigentlich als ein Akt der Nächstenliebe gedacht: Man wollte den armen Seelen etwas Gutes tun, indem man sie reinigte. Kaum zu glauben: Auch damals hielten die Geistlichen sich für gute Christen.

In der weiblich werdenden Welt verhält man sich eher nach Matthäus 13, 30:

„Lasst beides miteinander wachsen bis zur Ernte; und um die Erntezeit will ich zu den Schnittern sagen: Sammelt zuerst das Unkraut und bindet es in Bündel, damit man es verbrenne; aber den Weizen sammelt in meine Scheune." (Lutherbibel)

Man lässt die Menschen glauben, was sie wollen. Am Ende wird sich zeigen, ob das Resultat gut war. So auch Lessings „Nathan, der Weise", ein Werk der Aufklärung, einer Kulturepoche, die 200 Jahre nach dem ungefähren Beginn der zweiten Transgenderisierung einen wichtigen Schritt in diesem Prozess darstellt.

Was nun die nach Abschluss ihres Lebens für „schlecht" Befundenen betrifft, so bleiben die Aussichten für sie weiterhin düster. Es taucht wieder das Motiv des Verbrennens auf, aber es wird nun auf das Jenseits verlagert: das Höllenfeuer. Auch dieses Motiv verschwindet indes mit der Zeit langsam aus den Köpfen der Menschen. Heute wird nur noch selten damit gedroht – man bevorzugt die positive Motivation.

Die Bibel war am Anfang ein wichtiger Ankerpunkt, aber die Religion entwickelt sich weiter. Schon die Tatsache, dass verschiedene Stellen der Bibel verschieden interpretiert werden können, mahnt zu Vorsicht beim bibeltreuen Verhalten.

Was sich als gutes christliches Verhalten herauskristallisiert hat, ist wohl eher eine Folge der Entwicklung der Lehre im gesamtgesellschaftlichen Kontext.

So dürfte auch die Frage nach Gott in jeder gesellschaftlichen Situation anders beantwortet werden. Interessant ist jedoch, dass die Frage manchmal immerhin noch gestellt wird. Nicht immer wird eine objektive Antwort erwartet, manchmal eher eine gefühlsmäßige. Vor allem ist jede Antwort letztlich eine individuelle.

Nicht ohne Grund: Vor Gott tritt jeder für sich allein.

Die weiblich werdende Welt

Was hat es nun mit dem Weiblich-Werden der Welt und den Transgenderisierungen der Menschheit auf sich? Es geht darum, dass seit einiger Zeit in immer stärkerem Maß weibliche Denkschemata benutzt werden als männliche. Das Weibliche ist das Passive, Dunkle, Gefühlsmäßige, Unbewusste, Intuitive, Empfangende, Anmutige, Sich-Hingebende; das Männliche ist das Aktive, Helle, Rationale, Bewusste, Planvolle, Erobernde, Grobe, Kontrollierende. Beim Gedanken an Gott tritt nun im Zuge des Weiblich-Werdens die rationale Erklärung hinter der intuitiven Erfahrung zurück.

Das gegenwärtige Weiblich-Werden der Menschheit lässt sich ganz einfach aus der Wandlung unserer Welt erklären. In den frühen Kulturen sorgten die Männer für die lebensnotwendigen Dinge, unterwarfen die Umwelt; die Frauen kümmerten sich um die Wohnstätte, verrichteten Handlangerdienste. Damals richtete man sich nach den Männern.

Heute ist die ganze Welt kultiviert, sie ist eine einzige Wohnstatt geworden. In ihr kennen sich die Frauen besser aus. In Zukunft werden wir uns ihre Fähigkeiten zum Vorbild nehmen müssen.

Man kann sagen, die Menschheit wird weiblich – eine Transgenderisierung des kollektiven Unbewussten. Dieses Geschehen aus der Psychologie des Kollektivs zu erklären, ist nicht ganz so einfach, aber es ist möglich (Liegener, 2017a,b,c, 2018, 2019a,b, 2020).

Eine Möglichkeit dazu ist, von einer Krise auszugehen, mit der die Menschheit seit dem Beginn der Neuzeit konfrontiert war.

Die Krise begann grob gesagt etwa ab 1500, wurde aber erst nach und nach virulent. Mit der kopernikanischen Wende und der Reformation fiel zwar der Startschuss, aber die geistigen Auswirkungen traten nur verzögert ans Licht.

Vorausgegangen war das Zeitalter der Entdeckungen. Im darauffolgenden Umbruch hatte die Menschheit den Wechsel von der Eroberung der fernen Welt hin zur Kultivierung ihrer nächsten Umwelt, also ihrer Heimat, vollzogen. Für die Eroberungen waren seit je her die Männer zuständig, für die nähere Umwelt, früher die Höhle, waren es die Frauen.

Was geschah in diesem Zusammenhang mit der Psyche des Kollektivs? Die Menschheit hatte neue Erkenntnisse gewonnen, mit denen sie nicht so leicht fertig wurde. Durch die kopernikanische Wende hatte der Mensch erkennen müssen, dass er nicht mehr den Mittelpunkt der Welt darstellte, wie es die Bibel ihm gestützt auf den Bericht von Schöpfung dargestellt hatte. Sein Ausgeliefertsein an das unermessliche Weltall traf ihn als eine unerwartete Einsicht und gleichzeitig wurde die Allmacht der Religion, bisher sein Rettungsanker, in Frage gestellt.

Die psychische Situation der Menschheit in der nun folgenden männlichen Erwachsenenphase war durch starke Mutterbindung und einen fehlenden Vater geprägt. Die Natur, verkörpert durch die Große Mutter, hatte ihn hervorgebracht und erzogen. Ein Vater schien zunächst nicht in Sicht zu sein. Das charakterisiert einen Muttersohn (Pilgrim, 1986, Liegener, 2016a, 2016b, 2017a). In diesem Szenario pflanzt die Mutter dem Sohn die Ziele ein, die sie selbst nicht verwirklichen kann. Im konkreten Fall: Die Natur bestimmte nicht mehr alles, ließ stattdessen ihren Sohn die Kontrolle in vielen Bereichen übernehmen.

Der Muttersohn wird von der Mutter gelenkt, weil der Vater fern ist. Trotzdem sehnt er sich nach einem Vater. Er will haben, was ihm fehlt. Daher suchte sich die Menschheit einen Vater und fand ihn in einem väterlichen Gott. Der Monotheismus entstand. Dieser väterliche Gott war in der gegebenen psychischen Situation dem Sohn fern. In manchen Religionen durfte nicht einmal Gottes Name ausgesprochen werden.

Die tragische Situation des Muttersohnes ist bekannt (Pilgrim, 1986, Liegener, 2017a).

Da der Muttersohn sich zur Erfüllung der ihm von der Mutter anvertrauten heiligen Aufgaben berufen fühlt, hält er sich für etwas Besonderes, entwickelt sich zum Narzissten. Geformt von seiner Mutter weist er weibliche Züge auf, die im Kontrast zur Fassade der Männlichkeit stehen. Zerrissen von diesem Konflikt neigt der Muttersohn zur Selbstzerstörung. Dazu trägt auch bei, dass er seine überhöhten Ziele nicht erreichen kann, aber andererseits ein Scheitern nicht verkraften kann. Lieber gibt er sich auf. Er ist zum Untergang verurteilt.

So auch im Fall der Menschheit in ihrer Muttersohnähnlichkeit: Durch die Krise seit dem Beginn der Neuzeit wurde der Muttersohn in seiner narzisstischen Selbstüberschätzung erschüttert. Die Psyche der kollektiven Menschheit geriet in eine Existenzkrise. Das ist im Prinzip die Situation des Scheiterns des Muttersohnes, die zu seiner Selbstaufgabe führt.

Entstanden aus einer geistigen Entwicklung musste die Krise eine innere Krise sein. Infolgedessen kam es zu einer inneren Reaktion, zu einer Art Selbstaufgabe, wenn auch nur zu einer partiellen. Der Muttersohn gab seine männliche Identität auf. Die weibliche Seite der Menschheit begann, das Ruder zu übernehmen. Das ist nicht ungewöhnlich. Spontane Geschlechtsumwandlungen zur Erhaltung der Art sind aus dem Tierreich bekannt.

Die Frage, die sich hier stellt, ist, ob diese Geschlechtsumwandlung auch vom praktischen Standpunkt nachvollziehbar ist. Hat eine Frau oder ein Mann die größeren Chancen in einer Krise? Mit anderen Worten: Es wäre zu klären, ob die passive (weibliche) oder die aktive (männliche) Verhaltensweise in Überlebenssituationen erfolgreicher ist. Die Frage wurde schon oft gestellt.

Zunächst: Männer kämpfen bei Gefahr, Frauen laufen weg. Deshalb haben Männer den kräftigeren Körperbau und Frauen die längeren Beine.

Genauer: Der Mann kämpft in solchen Situationen seinen Kampf, egal ob sinnlos oder nicht. Sprichwörtlich geworden ist für ihn „der Kampf, den er nicht gewinnen kann". Der Mann bestreitet ihn mit einem gewissen Stolz. Er entspricht seiner Genderrolle. Der Mann fühlt sich dabei wie John Wayne im Western: „Ein Mann muss tun, was ein Mann eben tun muss."

Frauen sind da flexibler. Sie neigen dazu, vor der Gefahr zu fliehen oder zu resignieren. Das Resignieren hört sich für Männer nicht nach einer Option an, ist aber in der Natur eine durchaus zulässige Strategie, die das Überleben ermöglichen kann. Man braucht allerdings Dulderqualitäten. Erdulden ist eine weibliche Stärke.

Was verspricht mehr Erfolg?

Äsop argumentierte in seiner Fabel vom Frosch im Milchkrug zugunsten des scheinbar aussichtslosen Kampfes: Der in den Milchkrug gefallene und vom Ertrinken in der Milch bedrohte Frosch strampelt so lange, bis die Milch verklumpt und er herausspringen kann.

Die Evolution, unbestechliche Auswerterin der statistischen Chancen, hat indes anders entschieden: In ausweglosen Situationen stellen sich die Tiere der realen Welt tot. Der Mensch schüttet bei Nahtoderfahrungen Endorphine aus, die ihn sich wohlfühlen lassen und lethargisch machen. Man könnte von einer Gnade Gottes sprechen, die dem Menschen den Tod erleichtert. Gott hätte, wenn es so wäre, einen Weg gewählt, der sich wissenschaftlich erklären lässt. Die simple Erklärung ist, dass sich in der Evolution die Resignation als die erfolgversprechendere Strategie durchgesetzt hat.

Sich weiblich zu verhalten, verspricht also die besten Chancen beim Überlebenskampf der Menschheit (Liegener, 2017c, S. 37-40). Das heißt, die Evolution hat das kollektive Unbewusste so entwickelt, dass es in Gefahrensituationen, die das Kollektiv betreffen, die Transgenderisierung von männlich zu weiblich favorisiert.

Hierbei ist die Existenzangst nur der Auslöser. Kollektivpsychologisch gesehen liegt die Gefahr tiefer, nämlich in der drohenden Selbstzerstörung des Muttersohnes.

Dies ist eine Gefahr, die das kollektive Unbewusste sehr wohl spürt. Es handelt dementsprechend, ohne das Bewusstsein zu involvieren.

Soviel zum Prinzip. Es lässt sich aber auch in der Praxis beim Menschen beobachten. Frauen haben in Krisen die größere Widerstandskraft als Männer. Die Evolution hat sie ihnen geschenkt, um die Tortur der Geburt zu überstehen. Diese weibliche Resilienz wurde jetzt gebraucht und mobilisiert. Die entsprechende spontane Transgenderisierung der Menschheit zu einer weiblichen Identität ermöglicht tatsächlich das Überleben der Menschheit. Die entstehende Muttertochter ist psychisch wesentlich stabiler als der Muttersohn. Die Menschheit kann gerettet werden.

Die katastrophale Situation, in der die Menschheit sich befand, war schon seit einiger Zeit bekannt.

Vor einer Selbstzerstörung der Menschheit wurde wiederholt im 20. Jahrhundert gewarnt. Jürgen Habermas schrieb sie einer „Verschlingung von Mythos und Aufklärung" zu und forderte zu ihrer Vermeidung eine „Selbstbesinnung" (Habermas, 1985, S.130 ff.). Stephen Hawking brachte das Thema kürzlich erneut zur Sprache. Er wies darauf hin, dass es das menschliche Verhalten sei, das die Menschheit in den Abgrund führe (Clark, 2015). Dazu führte er aus, dass Aggression in der menschlichen Frühzeit nützlich gewesen sein mag, heute aber zur Selbstzerstörung der Menschheit führen könne. Folglich plädierte er für mehr Empathie. Da deutet sich etwas an, das auch aus der These der Krisenbewältigung folgt: Aggression ist eine Eigenschaft der Männer, Empathie eine Stärke der Frauen. Die Rettung der Menschheit liegt in der Zurückdrängung männlicher und der Stärkung weiblicher Verhaltensmuster.

Dies leistet nun eben die besprochene Transgenderisierung. Sie war jedoch nicht die erste.

Eine sehr weit zurückreichende Betrachtung offenbart nämlich: Vor der Neolithischen Revolution (ca. 8000 v.Chr.) war die Menschheit bereits schon einmal weiblich (Liegener, 2020). Zu dieser Zeit wurde bereits der intuitive Zugang zum Göttlichen praktiziert, wobei die Große Mutter verehrt wurde. Die Menschheit erlebte in der Neolithischen Revolution ihre erste Transgenderisierung: von weiblich zu männlich.

Damals wurden die Menschen sesshaft, betrieben Ackerbau und Viehzucht. Man empfing nicht mehr, was die Natur einem schenkte, sondern man wollte die Natur beherrschen, sie ausbeuten. Spezialisierung, Arbeitsteilung wurde notwendig. Hierarchien bildeten sich aus. Territorialansprüche entstanden. Es gab die ersten Kriege – ein klares Zeichen der Männlichkeit. Die Menschheit wurde männlich.

Auch Klaus Theweleit hat das Entstehen der Männerdominanz vor ungefähr 12000 Jahren mit der Entwicklung von Technologien, die für Ackerbau und Viehzucht notwendig wurden, in Verbindung gebracht (Basad, 2019). Das stützt das Argument.

Mit der zweiten Transgenderisierung kehrt man also nun zu den Wurzeln zurück. Man kann daraus erkennen, wohin die Reise geht. Nicht zur Anbetung einer weiblichen Gottheit, aber zu einer gefühlsmäßigen Gottesverehrung. Dazu später mehr.

Die Verbreitung der Wirkung der zweiten Transgenderisierung der Menschheit begann, mit der industriellen Revolution ab der Mitte des 18. Jahrhunderts zuzunehmen. Die Menschheit wird damit wieder weiblich. Diese Entwicklung läuft bis heute und ist noch nicht abgeschlossen.

Besonders deutlich sichtbar wird sie, wenn man den Wertewandel betrachtet, der in den 60er und 70er Jahren des 20. Jahrhunderts eingesetzt hat (Inglehart, 1995) und sich darin äußert, dass sich der Schwerpunkt dessen, was den Menschen wichtig ist, von materialistischen zu postmaterialistischen Werten verschiebt. Materialistische Werte bezeichnen solche wie körperliches Wohlergehen, Sicherheit und Unversehrtheit. Es sind Werte, an denen sich vor allem Männer orientieren. Sie mussten die handfesten Kämpfe zur Sicherung des Stammes austragen, seine Existenz sichern. Postmaterialistische Werte hingegen sind solche, die über das Existenzielle hinausgehen, die Lebensqualität betreffen: Glück, Gesundheit, Geselligkeit, Kultur. Es sind Werte, um die sich hauptsächlich die Frauen kümmern, die „kleinen" Dinge des Lebens. Frauen machten die Höhle wohnlich, versorgten die Verwundeten, zogen die Kinder auf und verwöhnten ihre Männer. Damit kann der Wertewandel der 60er und 70er Jahre als Symptom für einen Wandel der Werte der Menschheit von männlichen zu weiblichen Werten angesehen werden.

Im heutigen Alltag geht man in kleinen Schritten vor, wie es für Frauen charakteristisch ist. Nicht so sehr wegen der Stöckelschuhe, sondern weil es ihre Art ist. Diese weibliche Eigenart wurde als eine

„Kultur der beharrlichen verbalen Kritik"
bezeichnet (Liegener, 2017a, 2020). Beharr-
liche Verbesserungen in kleinen Schritten
begegnen uns heute überall: unzählige je
für sich unnötige kleine Verbesserungen,
die in ihrer Gesamtheit zu greifbaren Fort-
schritten führen. Nicht nur die Modewech-
sel in der Textilbranche, auch ständige Up-
grades der Betriebssysteme unserer PCs
und immer neue Modelle bei Smartphones
und in der Automobilindustrie sind symp-
tomatisch. In der Welt des Mannes ging es
um die ganz großen, bahnbrechenden,
weltbewegenden Erfindungen – das Erle-
gen des Wildes. Mit Kleinigkeiten gab er
sich nicht ab. Die kleinen Schritte sind
weibliche Eigenart, selbst in der Technik.
Die Spezialisten sind dort (noch) mehrheitlich Männer, aber die Vorgehensweise ist
inzwischen weiblich. Zugegeben sei, dass
die Fokussierung der Frauen auf Kleinigkeiten von Männern zuweilen als „Nör-
geln" empfunden werden kann, während
die sorglose Begeisterung der Männer für
ihre „ganz großen" Projekte als visionär
wahrgenommen wird – allerdings auch
wieder mehrheitlich nur von Männern.

Das betrifft das Alltagsleben. Die gegenwärtige Transgenderisierung äußert sich jedoch auch in der großen Politik.

Als ein wichtiger Punkt mag das Verschwinden der großen Kriege genannt werden (Liegener, 2017a). Ein typisches Symptom. Männliche Hahnenkämpfe werden durch weibliches Gezicke ersetzt. Das Gezicke entstand im Umgang der Frauen miteinander und ist der Ersatz für die Hierarchien der männlichen Welt. Frauen klären Konflikte durch kleine Gehässigkeiten. Diese zickigen Auseinandersetzungen laufen praktisch permanent ab und bauen Aggressionen ab. So verhindern sie, dass größerer Schaden entsteht.

Die Umsetzung dieser Verhaltensweise im Kollektiv der Menschheit ist äußerst erfreulich. Es kommt nicht mehr zu größeren Kriegen, weil permanent kleinere Auseinandersetzungen zwischen den Kontrahenten ablaufen. Hybride Kriegsführung, Sanktionen, Spionage, Fake News etc.

Das Weiblich-Werden der Menschheit hat also Vorzüge, wenn man es vom heutigen Standpunkt aus betrachtet. Dazu gehört auch, dass die soziale Kompetenz der Frauen besser ausgeprägt ist als die der Männer. Die Entwicklung der marxistischen Philosophie wurde zwar von Männern vorangetrieben, entstand aber aus einem kollektiven Unterbewusstsein, das bereits weibliche Züge aufwies. Der Wunsch nach sozialer Gerechtigkeit wird heute wohl von einer Mehrheit der Menschen geteilt.

Die tatsächliche Umsetzung in die Realität wurde im Marxismus-Leninismus versucht, war allerdings noch zu sehr von der männlichen Denkweise beeinflusst. In einer weiblichen Welt wird im Kollektiv entschieden. So war es einst auch gedacht. In den tatsächlich existierenden sozialistischen Staatsformen bildeten sich jedoch Machtgefüge aus, gestützt auf Hierarchien – typisch männlich. Diktatorische Regime entstanden, die Führung wurde zunehmend bei der Bevölkerung unbeliebt. Man mag argumentieren, dass der Sozialismus sich sonst nicht hätte durchsetzen können.

Das mag auf kurze Sicht stimmen. Auf lange Sicht hätte er sich auch anders durchgesetzt. Hier fehlte noch die Geduld. In der weiblichen Welt werden sich sozial gerechte Gesellschaftsformen organisch ausbilden. Es wird sich alles ganz von selbst entwickeln, man muss es nicht erzwingen. Die ständigen Kämpfe nach innen und außen werden nicht mehr gebraucht.

Ist das Zustandekommen der Transgenderisierungen der Menschheit an sich schon erstaunlich, so lässt es sich doch aus der Psychologie des Kollektivs erklären. Rätselhaft, aber ein Indiz für ein globales Wirken der Transgenderisierungen, ist jedoch, dass parallele Entwicklungen an den verschiedensten Stellen der Erde mehr oder weniger gleichzeitig abliefen, ohne dass Kontakt bestand.

Ungefähr zur Zeit der Neolithischen Revolution entstand in verschiedenen Kulturen der Mythos einer großen Flut. Die Bibel datiert die Sintflut etwas später. Dieser Mythos könnte eine Folge der ersten Transgenderisierung der Menschheit gewesen sein. Er wäre dann im kollektiven Unterbewusstsein der Menschen jener Zeit entstanden und könnte die Angst vor dem verdrängten Weiblichen symbolisieren. Die Angst vor dem Ertrinken im Wasser, in der Traumdeutung ein Symbol der Weiblichkeit, weist auf die Nachwirkungen der Umstellung hin (Liegener, 2020).

Bei der zweiten Transgenderisierung war die Welt schon weit besser vernetzt als bei der ersten. Trotzdem fand auch sie auf isolierten Fleckchen der Erde statt wie auf der Osterinsel. Auch hier gab es nämlich einen tiefgreifenden rätselhaften Wandel der Gesellschaft. Vordergründig lassen sich äußere Gründe finden. Der Klimawandel durch die Kleine Eiszeit hat ab dem 15. Jahrhundert wohl einen Umbruch der Gesellschaft auf der Insel vorbereitet (McCall, 1994), der schließlich um die Mitte des 17. Jahrhunderts zu einem Zusammenbruch der Kultur führte.

War die Gesellschaft auf der Insel vorher hierarchisch unter Führung der Kriegerkaste organisiert, also männlich, so fiel die straffe Organisation zu diesem Zeitpunkt weg, die steinernen Figuren, die Moai, wurden vernachlässigt und teilweise umgeworfen. Chaotische Verhältnisse herrschten. Es sieht aus wie der Wandel von einer männlich geprägten zu einer weiblich geprägten Gesellschaft.

Offenbar ist die Reaktion der Menschheit auf ihre Krise arttypisch und wiederholt sich auch unter isolierten Umständen.

Man sieht auch den Preis, der dafür gezahlt werden muss: Die Leistungsfähigkeit und die Kampfbereitschaft nehmen ab. Die Osterinsel fiel unter Fremdherrschaft. Im globalen Maßstab treten solche Ungleichgewichte als Folgen seltener auf, weil alle Staaten gleichermaßen vom Wandel betroffen sind.

Soweit zu den Grundlagen.

Natürlich ändert sich mit der stattfindenden zweiten Transgenderisierung auch die Religion in der Art, wie man sie versteht. Die Harmonie steht nun im Mittelpunkt, nicht mehr die Rechthaberei.

In der männlichen Welt feilschte man mit Gott. Ein Beispiel ist das Vaterunser. Eine lange Aufreihung von Forderungen, ohne auch nur ein einziges Mal das Zauberwort „Bitte" zu benutzen:

„Dein Reich komme!

„Unser tägliches Brot gib uns heute!"

„Vergib uns unsere Schuld!"

„Führe uns nicht in Versuchung!"

„Erlöse uns von dem Bösen!"

Übrigens auch kein „Danke". Kurz und knapp kommt man hier zur Sache und sagt, was man will. Eigentlich eine Unverschämtheit.

Als einzige Gegenleistung wird angeboten:

„… wie auch wir vergeben unseren Schuldigern."

Na, immerhin etwas, gerade noch so in einem Nebensatz widerwillig nachgeschoben. Wenn es denn sein muss …, aber nur, wenn auch Gott alle Forderungen erfüllt hat … Wir sind doch nicht auf dem Basar!

Abgesehen davon: Das reißt es auch nicht mehr heraus. Als ob es darauf ankäme! „Wir vergeben …“ Eine Anmaßung. Die wahre Macht der Vergebung liegt doch bei Gott.

Gewiss, der Überlieferung nach hat Gottes Sohn uns dieses Gebet gelehrt, aber diese Überlieferung stammt aus der männlichen Phase der Menschheit. Kann man nicht davon ausgehen, dass Jesus dieses Gebet so formuliert hat, dass es für die Menschen jener Zeit passte?

Ganz anders in der heutigen weiblich werdenden Welt: Man ist Gott dankbar für das, was er uns geschenkt hat, und stellt nicht im gleichen Atemzug weitere Forderungen. Die neue Menschheit tut selbst, was sie kann, und fügt sich bei Unbill in das Unvermeidliche.

Und dann: Ist nicht letztlich das ganze Leben ein Geschenk? Heute singt man:

„Danke für diesen guten Morgen, danke für jeden neuen Tag … Herr, ich will dir danken, dass ich danken kann.“

Das Lied wurde 1961 von Martin Gotthard Schneider komponiert.

Nach Gott zu fragen, ist anders geworden in der weiblich werdenden Welt. Nicht mehr die Natur oder Existenz Gottes steht in Frage. Was wir heute fragen, ist, wie wir uns verhalten sollen. Dazu braucht man nicht das Wissen über Gott, sondern nur das Vertrauen auf Gott. Das ist etwas anderes und es ist zeitgemäß.

Das Verhalten steht im Mittelpunkt, eine Folge des Weiblich-Werdens der Menschheit; denn Männer sind zielorientiert, Frauen vorgangsorientiert (Pease & Pease, 2002, S.195). In der männlichen Welt wurden Vorschriften zum Erreichen des ewigen Lebens theologisch deduziert, in der weiblichen Welt versucht man, einfach ein gutes Leben zu führen.

Dass man besser durch Vorbilder als durch Belehrung lernt, ist aus der Erziehung mittlerweile bekannt. Man wusste es schon in der Antike. Seneca schrieb in seinen Epistulae morales:

„Longum iter est per praecepta, breve et efficax per exempla.“

(Lang ist der Weg durch Lehren, kurz und wirksam der durch Beispiele.)

Seneca steht dabei in der Schule der Stoa, übernommen aus dem klassischen Griechenland. Ein weibliches Prinzip aus der männlichen Epoche der Menschheit? Des Rätsels Lösung: Im klassischen Griechenland hatte zeitweilig eine Transgenderisierung zu einer homosexuellen Gesellschaft stattgefunden (Liegener C.-M., 2018). Diese trug auch weibliche Züge.

Tatsächlich hat die Philosophie der Stoa auch die Kultivierung der Dankbarkeit schon vorweggenommen. Man stellte sich in der Praxis der sogenannten negativen Visualisierung regelmäßig vor, wie schlecht sich die Dinge entwickeln könnten, und war dann hinterher dankbar, wenn es nicht so schlimm gekommen war.

Der Stoiker Mark Aurel dazu:

„Ich Unglückseliger, sagt jemand, dass mir dieses oder jenes widerfahren musste! Nicht doch! Sprich vielmehr: Wie glücklich bin ich, dass ich trotz dieses Schicksals, kummerlos bleibe, weder von der Gegenwart gebeugt noch von der Zukunft geängstigt!"

Das letzte Ziel ist in jener Philosophie die Ataraxie, die Seelenruhe – auch heute wieder als Glücksform anerkannt –, wobei man eine ganzheitliche Weltsicht erstrebt. Auch hier eine Ähnlichkeit zum heute so wichtigen Holismus. In diesen Holismus integriert ist der Gottesbegriff der Stoiker. Mark Aurel fasst es in seinen Selbstbetrachtungen so zusammen:

„Alles ist wie durch ein heiliges Band miteinander verflochten. Nahezu nichts ist sich fremd. Alles Geschaffene ist einander beigeordnet und zielt auf die Harmonie derselben Welt. Aus allem zusammengesetzt ist eine Welt vorhanden, ein Gott, alles durchdringend, ein Körperstoff, ein Gesetz, eine Vernunft, allen vernünftigen Wesen gemein, und eine Wahrheit, so wie es auch eine Vollkommenheit für all diese verwandten, derselben Vernunft teilhaftigen Wesen gibt."

Wird das dann auch der Gottesbegriff der weiblichen Welt? Nein, nur ein möglicher Aspekt unter vielen. Wie schon dargelegt, wird es in der weiblichen Welt keinen einzelnen vorgeprägten Gottesbegriff mehr geben. Jeder wird frei sein zu glauben, was er will.

Religion wird sich grundlegend ändern. Nicht mehr Himmel und Hölle werden uns bewegen, sondern das Bemühen, Kraft aus der Wechselwirkung mit einem unfassbaren Gott zu schöpfen.

Noch etwas hat sich mit dem Weiblich-Werden der Welt geändert: Der Anspruch, im Prinzip alles wissen zu können. Die seinerzeit verbreitete Annahme der Möglichkeit des Laplaceschen Dämons ist der Erkenntnis der menschlichen Unzulänglichkeit gewichen, in der Physik mit der Verbreitung der Quantenmechanik, einer holistischen Theorie der Unwissenheit. In früheren Zeiten wurde der Gottesbegriff nicht zuletzt dazu benötigt, Lücken in unseren Theorien von der Welt zu schließen. Heute hat man den Mut zu Lücken.

Braucht man also Gott nicht mehr? Man braucht ihn nach wie vor, aber in anderer Weise. In einer Weise, die nicht das Wissen, nicht die Rationalität in den Vordergrund stellt, sondern das Emotionale: Gott als das Zentrum unserer guten Gedanken.

Hat sich nicht auch der Gott der Israeliten damit begnügt zu sagen: „Ich bin, der ich bin" (2. Mose 3,14)? Das genügt doch. Und es heißt auch: „Ich bin der Weg, die Wahrheit und das Leben." (Joh.14,6). Dies wiederum erinnert an den Ausspruch: „Der Weg ist das Ziel." Es mag amüsieren, dass letzterer Ausspruch nicht nur Lao-Tse, sondern auch Konfuzius zugeschrieben wird. Von beiden gibt es chinesische Textstellen, die, obwohl verschieden, angeblich bei sehr freier Übersetzung in der obigen Form wiedergegeben werden können. Der deutsche Ausspruch hat sich wohl, mit der Konnotation, altchinesischen Ursprungs zu sein, erst in der weiblich werdenden Welt gebildet. Hier vermischen sich philosophische Lehren mit weiblicher Lebensweisheit. Goethe kannte beides. Seine Quintessenz

„Wer immer strebend sich bemüht, den können wir erlösen" kombinierte er mit der Erkenntnis „Das Ewig-Weibliche zieht uns hinan".

Im Wesentlichen beschreibt die Bibel nicht Gott, sondern seine Wechselwirkung mit seinem auserwählten Volk. Man lernt aus diesem Buch weniger über Gott als darüber, wie man sich verhalten soll.

Poetisch soll Rabindranath Tagore es so formuliert haben: „Ich bat den Baum: Erzähl mir von Gott! Und er blühte."

Ist Gott männlich oder weiblich?

Diese Frage hat vor nicht allzu langer Zeit unerwartete Aufmerksamkeit erregt. Eine wohlmeinende Ministerin hatte als Kompromiss vorgeschlagen, das Neutrum zu verwenden: das Gott. Eigentlich kann das jede(r) halten, wie er/sie will. Objektiv lässt sich natürlich nichts darüber sagen, nicht einmal, ob Gott überhaupt durch eine so menschliche Kategorie wie das Geschlecht klassifiziert werden kann. Ist er/sie/es nicht alles in Einem?

Trotzdem neigten die Menschen fast immer dazu, einen anthropomorphen Gott zu verehren. Es fiel einfach leichter, zu einer Person als zu etwas Abstraktem zu beten.

Das Genus Gottes lässt sich aus der Vergangenheit der Menschheit verstehen: Bei Entstehung der Menschheit war ihre kollektive Psyche weiblich (Liegener, 2020). Sie verehrte die Große Mutter, eine weibliche Gottheit. Während der Neolithischen Revolution kam es zur ersten Transgenderisierung der Menschheit: Sie wurde männlich, sie entwickelte sich zu einem Muttersohn. Der Muttersohn leidet an einer Vatersehnsucht und sucht infolgedessen einen Vaterersatz. Die Menschen dieser Zeit suchten und fanden einen väterlichen Gott.

Seit der industriellen Revolution befinden wir uns in der zweiten Transgenderisierung, die noch nicht abgeschlossen ist. Die Menschheit wird wieder weiblich. Sie wird zur Muttertochter.

Werden wir also in Zukunft zu einer weiblichen Gottheit beten? Der Trend geht eher dahin, den Gottesbegriff zu zerfasern, vielfältige Aspekte zuzulassen. Rituale werden wichtiger als Theorien. Die Heiligenverehrung könnte zunehmen und es gibt viele weibliche Heiligenfiguren.

Gott explizit ein Genus zuzuschreiben, ist gar nicht mehr nötig. Was sich eventuell ändern könnte, wäre das Gender. Auch das muss nicht explizit geschehen. Es genügt, bei der Vorstellung von Gott, die wir haben, Charakterzüge zu erkennen, die eher weiblich als männlich sind. Da wäre zum Beispiel das Begriffspaar „strenger Vater – gütige Mutter". Man neigt heute eher dazu, Gott als gütig zu sehen. Das äußert sich im täglichen Leben: Die heutigen Menschen ähneln verzogenen Kindern, während die Menschen vor der zweiten Transgenderisierung authoritätshörig und folgsam waren. Es gilt nicht, diese Unterschiede zu bewerten, nur, sie zu erkennen.

Wenn sich nun unsere Vorstellung von Gottes Verhalten ändert, muss das nicht automatisch bedeuten, dass Gott sich selbst ändert. Sofern er nicht eine Projektion der Menschheit ist, bleibt er der gleiche. Warum sollte er sich nach der Psyche der Menschheit richten? Oder tut er das? Da wir ihn nicht objektiv beobachten können, lässt es sich nicht sagen. Aber zu unserem Glauben an Gott gehört auch der Glaube an seine Unveränderlichkeit. Wenn es so wäre, hätte man früher einen fehlerhaften Glauben gehabt – oder jetzt. Wie verträgt sich das mit der Unfehlbarkeit der Kirche? Da scheinen sich Widersprüche aufzutun.

Diese Widersprüche existieren jedoch nur in der männlichen Welt mit ihren dogmatischen Begriffen. In der weiblichen werdenden Welt ist eine begriffliche Flexibilität nicht mehr ungewöhnlich. Offenbar in diesem Fall die angemessene Haltung.

Die Art, wie wir Gott sehen, ist das eine, das andere ist die Art, wie wir uns ihm gegenüber verhalten. Auch hier gibt es Genderunterschiede.

Gott spielt im Bewusstsein der Menschen eine Rolle, die über das Alltägliche hinausführt. Er ist die Antwort auf alle Fragen. Er hilft uns, über unsere Grenzen zu treten. Das heißt, dass wir durch ihn unsere Ich-Bezogenheit überwinden können.

Frauen und Männer tun das auf verschiedene Weise. Das ergibt sich bereits aus der Rollenverteilung bei der Fortpflanzung. Der Mann gibt seinen Samen, setzt die

Dinge in Gang. Die Frau gebiert das neue Leben, opfert sich dafür auf.

Dementsprechend ist die Frau diejenige, die sich an Nachhaltigsten entäußert. Sie lebt für ihre Kinder, für die anderen. Der Mann sucht die Selbstverwirklichung. Er will seine Gene verbreiten, ebenso seine Ideale, möglicherweise sogar altruistische Ideale. Aber es sind „seine" Ideale. Bei aller guten Absicht ist immer noch er es, der gut handeln will. Wenn er Gutes tut, ist er es, der es tut. Er selbst steht im Mittelpunkt seines Handelns. Im tiefsten Winkel seines Herzens bestätigt er sich selbst und seine Meinung. Da kommt er nicht hinaus. Es könnte tragisch sein, wenn es nicht von der Natur so gewollt wäre.

Die Frau andererseits sieht nicht so sehr sich als Handelnde, sondern die Notwendigkeit des Handelns. Sie stellt sich selbst zurück, tut das, was wichtig ist. Vom religiösen Standpunkt aus ist sie die wahre Heilige.

Beide Formen der Entäußerung haben ihre Berechtigung und ergänzen einander. Die männliche ist spektakulärer, die weibliche nachhaltiger.

Die Geschichte spiegelt das wider. In der ersten, der weiblichen Phase der Menschheit lebten die Menschen im Einklang mit der Natur, sie fügten sich in den Rhythmus der Welt ein. Die Gottheit, die große Mutter, half dabei, die Allmacht der Natur zu akzeptieren und sich ihr auszuliefern.

Im Göttlichen suchte man einen Ansprechpartner in der übermächtigen Natur, was auch etymologisch nachvollziehbar ist. Das Wort Gott wird üblicherweise auf das Partizip des indogermanischen Verbs *ghau = „anrufen" zurückgeführt, womit „Gott" so viel bedeutet wie „der Angerufene". Man wollte also kommunizieren. Kommunikation und Hingabe – typisch weiblich.

In der männlichen Phase wurde das Handeln wichtiger als die Hingabe. Gott wurde männlich und zum Vertragspartner. Von einem Bund war die Rede. Man bot Verehrung im Leben und erwartete ein Leben nach dem Tod. Im Nachhinein belohnte und bestrafte Gott. Das Leben und der Tod wurden ausgehandelt.

In der nun einsetzenden zweiten weiblichen Phase wird wieder die Natur das Zepter übernehmen. Sie wird ihre Rechte einfordern. Der Klimawandel und Pandemien sind nur erste Anzeichen. Die Gottheit wird spirituell erfahrbar sein und die Menschen zu innerer Ruhe im Einklang mit der Natur bringen.

Die Dezentralisierung der Welt

Männer errichten Hierarchien, Frauen bilden Netzwerke (Schwarz, 2007, S.235). Entsprechend streben männlich geprägte Gesellschaften zentralistische Strukturen an, weiblich geprägte organisieren sich dezentral. Die männliche Herrschaftsform ist die Monarchie, die weibliche die Demokratie.

Der Übergang zur Demokratie ist in unserer weiblich werdenden Welt weit fortgeschritten. Entsprechend beim Weltbild: Das geozentrische Weltbild ist durch ein dezentrales ersetzt worden. Nur geistig wähnen wir uns oft noch im Mittelpunkt. Der Mensch sei nach Gottes Bild geschaffen worden, glaubten wir bis vor kurzem.

Tatsache ist jedoch: Der Mensch ist nicht so furchtbar wichtig, wie er glaubt. Zuerst entstand die Welt und die Evolution passte den Menschen dieser Umgebung an. Deshalb erscheint diese Welt wie für uns gemacht. Auch der Schöpfungsbericht sagt: Erst kam die Welt, dann kam der Mensch.

Auf diese Weise passt der Mensch perfekt in diese Welt. Ihm scheint es, als sei sie nur für ihn gemacht. Tatsache ist: Sie muss so sein, wie sie ist, sonst würde der Mensch sie nicht beobachten können, weil er nicht existieren würde. So lautet das bekannte anthropische Prinzip.

Indes teilt er dieses Schicksal mit allen anderen Lebewesen dieser Welt. Wir alle fühlen uns normalerweise wohl hier und verspüren Dankbarkeit dafür. Dankbarkeit ist wie ein Gebet zu einem höheren Wesen, einem Schöpfer dieser für uns wunderbaren Welt. Müssen wir ihn benennen können? Wissen wir irgendetwas über ihn? Nein, was wir wissen, ist lediglich, dass wir ihm dankbar sind.

Wir können ihn auch loben und preisen, aber da maßen wir uns schon wieder mehr an, als uns zusteht. Als ob es einen Unterschied machen würde, wenn die Ameisen jemanden loben würden, der ihnen Zucker hinstellt! Wir überschätzen uns. Es gibt diesen Mythos des eifersüchtigen Gottes, der ausschließliche Anbetung und Dankbarkeit fordert. Das mag in frühen Religionsgemeinschaften wichtig zur Disziplinierung gewesen sein. Sinnvoll ist es nicht. So wichtig sind wir nicht, und so kleinlich ist Gott nicht. Aber Dankbarkeit ist ein Gefühl, das wir haben dürfen, nicht zuletzt, weil es uns selbst guttut.

Die Menschen sind also vom Standpunkt des Universums aus nichts Besonderes. Allein in unserer Galaxie dürfte es um die 30 extraterrestrische Intelligenzen geben (Westby & Conselice, 2020).

Wenn wir dementsprechend unsere zentrale Sonderrolle aufgeben, erhebt sich die Frage: Ist Gott überhaupt unser Gott oder der Gott vieler Welten? Oder gibt es für jede Welt einen anderen Gott. Sollte es extraterrestrische Intelligenzen geben, so könnte man annehmen, dass auch sie einen Gott verehren. Zwingend ist das nicht. Wenn sie es jedoch tun, spricht nichts dagegen, dass es sich um Aspekte ein- und desselben Gottes handelt. Damit wäre Gott universell.

Das würde mit der Dezentralisierung
der weiblichen Welt in Einklang stehen
und wäre insofern zukunftsfähig. Es muss
und derzeit aber nicht kümmern.

Warum brauchen wir Gott?

Seit Jahrhunderten haben die Menschen versucht, die Existenz Gottes zu beweisen. Sie benutzten dazu die Begriffe der Philosophie. Kant hat schließlich mit den gleichen Waffen zurückgeschlagen und mit den Mitteln der philosophischen Argumentation bewiesen, dass es einen solchen Beweis nicht geben kann. Der Gottesbegriff war für ihn ein Konstrukt der reinen Vernunft, damit nützlich, aber nicht notwendigerweise realitätsgestützt. Kant leugnet nicht die Existenz Gottes, er leugnet nur ihre Beweisbarkeit.

Dies war die männliche Auseinandersetzung mit der Frage nach Gott: Beweis und Gegenbeweis, rationale Erwägungen.

In der weiblichen Welt gibt es einen ganz anderen Zugang: den zu Gott als einer psychischen Notwendigkeit. Wir brauchen den Glauben an Gott als die Lösung aller Probleme der Welt. Als den Anker in den Wirren unseres Lebens und Sterbens. Dieser Gottesglaube hat sich mit der Menschheit entwickelt, weil er nützlich war. Im Grunde ist das bereits in Kants Interpretation vorweggenommen worden: die reine Vernunft und ihre Begriffe als ein nützliches Hilfsmittel der menschlichen Vernunft. So eine Interpretation steht auch nicht im Widerspruch zu menschlichen Erfahrungen wie möglicherweise einer Offenbarung Gottes. Wenn es die nicht gab, stört das die Argumentation nicht; wenn doch, umso besser.

In der Tat, derartige Erfahrungen, wenn sie denn vorliegen und glaubhaft sind, bestätigen das Geglaubte. Dies und in Jahrhunderten eingeübte Rituale festigen den notwendigen Gottesglauben, der so nützlich ist.

Man kommt also zur Frage nach der Nützlichkeit des Gottesglaubens.

Das gehört mit zur Frage nach Gott: Warum brauchen wir ihn? Nicht nur: Existiert er. Sondern auch: warum?

Schon wieder nehmen wir uns zu wichtig. Wenn es um Gott geht, geht es doch nicht um uns! Andererseits wollen wir auch uns selbst verstehen und dazu gehört auch die Frage, warum wir an Gott glauben, und mit dieser Frage verknüpft ist die Frage, warum wir Gott brauchen.

Die Antwort auf diese Frage ist nicht eindeutig. Jedoch kristallisiert sich im Hinblick auf die gerade stattfindende zweite Transgenderisierung der Menschheit eine Variante als aktuell heraus: Gott ist die Bezeichnung für die Basis unseres Vertrauens. Wir brauchen Gott immer wieder – besonders in Momenten der Schwäche. In ihn zu vertrauen, gibt uns Stärke. Wir Menschen unserer Zeit haben dieses Vertrauen, dass alles gut wird. Wenn wir es auf diese Basis stellen, können wir es Gottvertrauen nennen. Hätte Gott sich uns nicht offenbart, hätte man ihn erfinden müssen, eine Meinung, die schon Voltaire vertreten hat. Diese Nützlichkeit des Gottesbegriffs stellt den Grund dar, warum Zweifler sagen, wir hätten ihn tatsächlich nur erfunden.

Ganz wichtig ist Gott bei Schicksalsschlägen. Früher sprach man von Prüfungen, die Gott einem auferlegt. Heute vertraut man Gottes Willen, ohne einen Zweck zu postulieren. In der männlichen Welt brauchte man einen Zweck oder ein Ziel, das trotz oder gerade wegen der Widrigkeiten erreicht werden würde. Das tröstete. In der weiblichen Welt braucht man kein hypothetisches Ziel, sondern akzeptiert sein Schicksal im Bewusstsein, dass Gott gut ist. Es soll alles so sein, wie es ist. Man weiß nicht, warum, und braucht es nicht zu wissen. Die Frau kann so etwas akzeptieren, der Mann schwer.

In der weiblichen Welt wird das Opfer von der Gemeinschaft aufgefangen, man hilft sich gegenseitig. Die weibliche Einstellung des vertrauensvollen Erduldens unterstützt die Leidenden. Der Hinweis auf Gott fällt dabei zuweilen. Ja, auch hier brauchen wir Gott, aber nicht Gott als theoretisches Konzept, sondern Gott als Handelnden. Gott hilft in diesen Situationen, aber weniger durch die Psychologie seines Namens als durch das tatsächliche Wirken seiner Macht. Es ist nicht eine indirekte

Wirkung durch Worte, sondern eine übernatürliche Kraft. Gott hilft dann unabhängig davon, ob wir an ihn glauben oder nicht. In der männlichen Welt dachte man, Gott durch Gelübde oder ähnliches zur Hilfe bewegen zu können. Gott ist nicht bestechlich. Er hilft, egal, ob wir an ihn glauben oder nicht. Nicht immer erkennen wir seine Hilfe, aber sie kommt immer, wenn auch manchmal auf eine Weise, die wir nicht verstehen. Wir wissen dann nicht, woher unsere Kraft plötzlich kommt, aber wir sind dankbar dafür.

Gottes Hilfe in kritischen Situationen ist nicht ein Konstrukt der kollektiven Psyche der Menschheit. Sie kommt, ohne dass wir etwas dazu tun. Insofern ist sie unabhängig vom Gender der Menschheit. Es ändert sich nichts mit der Transgenderisierung. Was sich ändert, ist unsere Reaktion darauf. In der männlichen Welt dachte man, einen Deal mit Gott gehabt zu haben, wenn man seine Hilfe überhaupt als solche erkannte. In der weiblichen Welt ist man vor allem empfänglicher für Gottes Hilfe. Sie ist nicht immer auf den ersten Blick erkennbar. Eine gewisse Bereitschaft, sein Schicksal anzunehmen, wird benötigt. In der weiblich werdenden Welt hat sich das entwickelt. Und dann wird man dankbar sein: nicht für dies oder das, sondern für das ganze Leben, das einem geschenkt wurde. Es ist ein Geschenk und es steht uns nicht zu, daran herumzumäkeln. So zu denken, mag in der gegebenen Situation schwer sein, aber es ist eine Haltung, die sich durchsetzen wird.

In den kritischen Stunden unseres Lebens suchen wir instinktiv die Begegnung mit Gott und finden sie oft. Gott weiß, dass wir ihn brauchen und ist da. In der männlichen Welt galt das als suspekt. Nur Heilige und Priester durften mit Gott sprechen und auf Antwort hoffen. Das Gebet und Gelübde für den Fall der Hilfe gehörten noch zum Erlaubten.

Kinder sprachen auch damals mit Gott, aber das ging im Lauf ihres Lebens allzu oft verloren. Frauen können sich Kindliches besser bewahren als Männer. Daher kommuniziert man in der weiblich werdenden Welt mit Gott – nicht auf die männliche Art mit Worten, sondern auf die weibliche über Gefühle.

Wie auch immer man dazu stehen mag: Wer Gott in der Krise braucht, ist froh, wenn er ihn findet.

Bei einer Existenzkrise dürfte der Sturz umso tiefer ausfallen, je selbstgefälliger man vorher war. Umgekehrt begünstigt Bescheidenheit das Hinnehmen von Schicksalsschlägen. Männer neigen ihrer Natur nach zu Selbstgefälligkeit, Frauen zu Bescheidenheit. Ihre Bescheidenheit wird den Menschen der weiblich werdenden Welt helfen, Krisen zu überstehen und Gnade vor Gott zu finden.

Immer wieder brauchen wir Gott, theoretisch und praktisch. Gern wird auch gesagt: Wir brauchen Gott als letzte Erklärung, die etwas begründet, bei dessen Begründung unsere Weisheit am Ende ist. Andererseits müssen Lücken im Wissen nicht unbedingt durch übernatürliche Erklärungen gefüllt werden. Man kann auch mit der Unwissenheit leben, ja, sie sogar ins Kalkül miteinbeziehen, wie die Quantenmechanik gezeigt hat.

Noch etwas zur Nützlichkeit des Gottesbegriffs: Die Religion erhebt gern den Anspruch, dass wir Gott brauchen, um die menschliche Moral zu begründen. Man muss aber bedenken, dass die Religion dabei, wie Inquisition und Hexenverbrennungen gezeigt haben, gegen ihre eigenen Prinzipien verstoßen hat. Geht es auch anders? Eine Moral theoretisch ohne Religion zu begründen, wäre eine Aufgabe der Philosophie, die sich daran auf dem Gebiet der Ethik versucht hat. Ihre Ergebnisse lassen sich indes nur schwer in die Praxis umsetzen. Da war die Religion besser.

Es gibt aber eine weitere Möglichkeit und sie wird derzeit verwirklicht: Die weiblich werdende Welt lässt die Moral sich selbst ausbilden, ein Selbstorganisationsprozess nach dem Vorbild der Natur. Er scheint zu funktionieren.

Umgekehrt ist die Argumentation für eine rein religiöse Ethik löchrig. Unser Verhalten braucht als Richtschnur den Glauben, wurde manchmal gesagt. Erstaunlicherweise wird das bis in die jüngste Vergangenheit oft so gesehen (Küng, 2001).

Dabei hat sich diese Sicht seit der Aufklärung gewandelt. Schon Rousseau betonte die Entstehung der Moralvorstellungen aus der Naturphilosophie. Das entspricht der Weltanschauung in einer weiblich werdenden Welt. Und tatsächlich zeigt das tägliche Leben immer wieder, dass der Anspruch der Religion, notwendig für moralisch richtiges Handeln zu sein, nicht immer begründet ist. Es gibt ungläubige Menschen, die dennoch das Richtige tun. Sie erkennen ebenso wie die Gläubigen, was richtig ist, und handeln danach. In einer Gemeinschaft von Lebewesen (das gilt nicht nur für Menschen) scheint sich ein Konsens herauszubilden, was als richtig zu betrachten ist und was als falsch. Das kann in religiösen Gemeinschaften vom Glauben beeinflusst sein, muss aber nicht.

Wenn nun aber der Glaube einen leitet, was im Einzelfall möglich ist, dann sind es im Grunde nur Extrakte aus den Lehren der Religion wie das Gebot der Nächstenliebe. Hilft da der Leitfaden wirklich? Ist es nicht sogar zuweilen der Fall, dass mancher Laie die Nächstenliebe in einem Maße lebt, wie mancher Theologe es gar nicht könnte? Hier wirkt offensichtlich nicht so sehr die Lehre von Gott als vielmehr der Charakter des Menschen. Der Mensch mag von Gott selbst gesteuert werden, von der Beschreibung Gottes nicht so sehr.

Kehren wir zur Frage nach der Notwendigkeit der Religion zurück. Warum brauchen wir Gott? Angeführt wird zuweilen: Als Sinn des Lebens. Der Sinn des Lebens trieb bislang viele um. Auf die Frage, warum wir leben, wird gern zur Antwort gegeben: „Um eben dieses Warum herauszufinden." Der Sinn des Lebens wäre dann, den Sinn des Lebens zu suchen. Tatsächlich ist manch einer sein Leben lang damit beschäftigt. In der männlichen Welt wurde auf diesem Gebiet viel theoretisiert und der Gedanke an Gott kam ins Spiel. Noch perfider ist die Frage, „wozu" wir leben. Eine typisch männliche Frage. Männer brauchen einen Zweck. Frauen nicht. In der weiblichen Welt wird diese Frage nicht mehr gestellt werden.

In dieser neuen Welt findet man auch einfache Antworten auf die Frage, warum wir leben: um zu lieben, Gutes zu tun, sich und andere glücklich zu machen usw. Das

Banale wird jetzt nicht mehr verachtet. Man respektiert Theorien, weiß aber, dass sie nie widerspruchsfrei sein werden. Für sich selbst sucht man einfache Antworten für naheliegende Probleme.

Mit dem Hinweis auf den Sinn des Lebens verwandt ist die Suche nach Trost bei Existenzangst. In der männlichen Welt trat sie oft auf.

So war es oft in der männlichen Phase der Menschheit. Man suchte sich ein Ziel, hatte es vor Augen und ging darauf zu. Das Ziel änderte sich mit der Zeit, aber man ging dennoch einen guten Weg. So hangelte man sich von Leuchtfeuer zu Leuchtfeuer, bis man eines Tages merkte, dass man gar kein echtes Ziel mehr hatte.

Dann nahm man Zuflucht zu Gott. Da brauchte man ihn.

Auch in der weiblich werdenden Welt geht man seinen Weg, aber nicht auf ein großes fernes Ziel zu, sondern durch überschaubare Gefilde. Auch hierbei mag man sich bei Schwierigkeiten an Gott wenden. Das bedeutet aber nur, dass man einem gefundenen Trost, zu dem man Zuflucht nimmt, einen Namen gab. Dazu braucht man eigentlich nichts über ihn zu wissen. Die kleinen Kinder wissen auch nichts über ihre Eltern, und vertrauen ihnen doch blindlings. Dieses Vertrauen spielt sich einfach im Lauf des kindlichen Lebens ein und genauso ist es mit dem Gottvertrauen. Es bildet sich im Lauf des Lebens aus und ist nicht an eine Theorie über Gott gebunden.

Wofür wir den Gottesbegriff in der weiblichen Welt nicht mehr missbrauchen sollten: Zur Begründung einer Jenseitserwartung. Das Jenseits wurde lange Zeit benutzt, um Lohn und Strafe für diesseitige Taten vorauszusagen. Diese Methode von Zuckerbrot und Peitsche hat wohl ausgedient (Liegener, 2017c).

Gern stellte man sich das Jenseits als eine vervollkommnete Version des diesseitigen Lebens vor. Das ist ganz verständlich. Etwas anderes kennen wir nicht. Wie sollten wir es besser wissen?

Und doch: Eigentlich wollen wir gar nicht ewig das Gleiche. Nach ein paar hundert Jahren würde das unerträglich. Aber so ist das eben. Was sagt man jemandem, der Angst vor dem Tod hat? „Du wirst ewig leben!" Ewig?! Das ist doch ein Zeitbegriff. Die Zeit ist aber nur mit unserem diesseitigen Leben verknüpft. Jenseits unseres Lebens gibt es keine Zeit.

Es gibt keinen Grund, sich das Jenseits auszumalen. Man weiß, dass alles gut wird. Man wird den nächsten Level erreichen. Dazu muss man diesen Level hinter sich lassen, aber in der richtigen Weise. Das Spiel geht weiter. Das ist eine Vertrauensfrage und dazu braucht man Gott. In einer weiblich werdenden Welt ist die Antizipation, d.h. die Erwartung des Kommenden, positiv eingestellt. Das ist eine natürliche Einstellung in einer neuen Kultur, die im Entstehen ist und die auf Vertrauen basiert.

Angst passt nicht mehr in die jetzt praktizierte Kultur des Gottvertrauens. Wir müssen keine Details eines Lebens nach dem Tod erarbeiten, da wir uns das nicht vorstellen können. Wir müssen kein Bild von Gott haben. Das Vertrauen auf eine gute Lösung reicht aus. Es ist ein namenloses Urvertrauen.

Das Leben muss nicht mehr verstanden werden, es muss gelebt werden. Rilke dazu:

„Du musst das Leben nicht verstehen,

dann wird es werden wie ein Fest."

Die Evolution

Die Evolution bestätigt die Nützlichkeit des Gottesglaubens beim Überleben. Sie hat dem Menschen bei der Entwicklung des Bewusstseins den Glauben mitgegeben, zunächst in ganz intuitiver, ja kindlicher Form und auf die Große Mutter gerichtet. Der Glaube scheint wohl nützlich gewesen zu sein, gab Kraft und Ausdauer im Alltagsleben. Das half und stellte bis zur ersten Transgenderisierung der Menschheit (Liegener, 2020) kein Problem dar.

Dann aber wurde Religion zu einem Machtfaktor. Das menschliche Denken wurde narzisstisch, verehrte einen männlichen Gott und bildete sich ein, diesen erfassen zu können. Hybris! Die Errungenschaft der Evolution wurde durch ein gedankliches Konstrukt ersetzt. Wiederum half der Gedanke an Gott im praktischen Leben. Im Namen Gottes wurden Kriege geführt und Kontinente erobert. Die jeweils Herrschenden hatten ein Interesse daran.

Der Soldat, der auf das Paradies hofft, wenn er fallen sollte, kämpft ohne Angst. Ganz verschiedene Religionen wurden in den Dienst dieser Sache gestellt. Insbesondere für die christliche Religion ergab sich dabei ein Widerspruch zum ursprünglichen Auftrag Jesu: „Liebe deinen Nächsten!", „Halte auch die andere Wange hin!" usw. Man ignorierte das einfach oder diskutierte es weg. Ein gewisses Unbehagen blieb.

Mit der zweiten Transgenderisierung der Menschheit befreit man sich nun wiederum von der intellektuellen Frage nach Gott und setzt an ihre Stelle das Gebet zu Gott.

Das ist die heutige Situation. Für evolutionäre Änderungen ist die Zeitskala der Transgenderisierungen zu kurz. Sie dürfte hier nicht mitgemischt haben.

Trotzdem erhebt sich die Frage, ob die Freigabe der Religion aus evolutionärer Sicht vorteilhaft war. Leider lautet die Antwort: nein. Wie schon an anderer Stelle bemerkt (Liegener C.-M., 2019a) mindert das Weiblich-Werden einer Gesellschaft ihre Schlagkraft. In einer weiblich werdenden Welt trifft das alle Parteien gleichermaßen, stellt also kein Problem dar. Gott dogmatisch zu definieren, war wohl ein Vorteil in der Konkurrenz der Länder, der jetzt verlorengeht. In einer globalen Gemeinschaft ist er nicht mehr so wichtig.

Die zweite Transgenderisierung ist noch nicht abgeschlossen. Trotzdem ist – wohl etwas verfrüht – bereits über eine dritte Transgenderisierung spekuliert worden (Liegener, 2020). Sie könnte mit dem Aufbruch der Menschheit ins Weltall starten. Die Voraussetzungen dafür sind auf absehbare Zeit nirgends in Sicht. Das heißt aber nicht, dass sie nicht in ferner Zukunft greifbar werden könnten.

Dann wäre die Schlagkraft der Menschheit entscheidend und es könnte von Vorteil für die Menschheit sein, sich abermals zu transgenderisieren.

Es ist nicht auszuschließen, dass die Voraussetzungen für dieses Unterfangen nicht nur naturwissenschaftlich geschaffen worden sein werden, sondern sich auch ein spiritueller Wandel eingestellt haben würde? Heute unvorstellbar, aber: „Es gibt mehr Dinge im Himmel und auf Erden ..." Könnte in so einem Fall die Frage nach Gott auf eine neue Weise doch wieder gestellt werden? Und dogmatisch beantwortet werden? Wird es wieder eine Inquisition geben, dann mit hochtechnologischen Folterwerkzeugen und Gedankenscan? Ein Alptraum! Man sollte jedoch nicht jetzt schon Angst davor haben. So schlimm muss es nicht kommen. Die Verzweigungen der Realität bis dahin sind mannigfach.

Bei den zeitlichen Maßstäben, von denen bei diesem Szenario auszugehen wäre, könnte auch die Evolution wieder greifen. Die Natur des Menschen und seine Religiosität könnten ganz unerwartete Änderungen durchlaufen. Ein neuer Missionsgedanke könnte auftauchen oder aber der Gottesgedanke in den Hintergrund treten. Oder man sieht das Wirken Gottes in der interstellaren Raumfahrt. Unsere heutige Physik lässt uns diese ja unmöglich erscheinen. Vielleicht hilft irgendwann eine Theophysik? Im Mittelalter hat man an den Einfluss des Geistes auf die Materie geglaubt. Da ist der Narzissmus des Muttersohnes wirksam gewesen. In der weiblich werdenden Welt wird das belächelt. Nach einer weiteren Transgenderisierung der Menschheit könnte dieses Denken wiederentdeckt werden und auf einer höheren Ebene eingesetzt werden … Unmöglich? So vieles ist heute möglich, was man früher für unmöglich hielt.

Das Sakrament der Beichte

Nach dem Nutzen des Glaubens an Gott zu fragen, mag zynisch klingen und doch scheint die Evolution einen solchen Nutzen zutage gefördert zu haben. Das erwies sich unter anderem in der weiblichen Welt vor der ersten Transgenderisierung als ein wichtiger Faktor.

Aber auch in der männlichen Welt brauchten wir Gott: nicht nur als Richtschnur unseres Verhaltens, nicht nur als letzten Sinn unseres Lebens oder als Hilfsmittel gegen die Existenzangst, sondern auch, um Absolution für unser Fehlverhalten zu bekommen. Das betrifft jeden einzelnen. Besonders jenes Fehlverhalten ist gemeint, das nicht juristisch relevant ist, aber doch gegen unsere Moral verstößt und unser ganzes Leben beeinträchtigen kann.

Diese Absolution leistet die Beichte. Hierin existiert die großartige Chance für einen Neuanfang, was viele bestätigen, die einmal diese Erfahrung gemacht haben. Die katholische Kirche gibt dem Gläubigen mit dem Sakrament der Beichte eine Möglichkeit, Vergebung seiner Sünden zu erlangen. Das funktioniert natürlich nur, wenn der Betreffende wirklich an Gott glaubt.

Ähnliches leistet der Segen „Urbi et orbi". Allerdings kann er nicht das Beichtgespräch ersetzen.

Man könnte denken, dass die Institution der Beichte unverzichtbar wäre. Andererseits wäre sie ihrer asymmetrischen Konstruktion nach in der kommenden Kirche ein Überbleibsel aus der hierarchischen Zeit. Sie müsste weichen. Was wird dann mit den Schuldgefühlen der Gläubigen?

Das Überraschende: Es würde wahrscheinlich gar nichts fehlen. Das Sakrament der Beichte wird bereits jetzt immer seltener in Anspruch genommen. Warum?

Hier muss man nach dem Schuldbewusstsein der Menschen fragen. In der männlichen Phase der Menschheit wurden die Menschen von erdrückenden Schuldgefühlen geplagt, gipfelnd in der Erbschuld, jener Schuld, die jeder Mensch sich selbst

auflädt, obwohl er gar nichts dazu getan
hat. Dieses Konstrukt der Bibel gehört zum
Glaubensgut mehrerer Religionen. Es entstand aus der Geschichte vom Sündenfall,
erzählt in der Genesis, dem 1. Buch Mose.
Moses dürfte ungefähr um 1200 oder 1300
v. Chr. gelebt haben. Die Menschheit war
zu dieser Zeit bereits männlich geprägt.
Das kann, wie gleich deutlich wird, die
Erbschuld psychoanalytisch erklären. Vorher soll jedoch erwähnt werden, dass sich
die Erbschuld auch aus einem existenziel-
len Schuldbewusstsein der Menschen jener
Zeit erklären lässt.

Dieses Schuldbewusstsein ist sehr tief-
liegend. Es ist bei der Evolution der
Menschheit entstanden. Der Mensch neigt
nämlich evolutionsbedingt dazu, sich
immer leicht zu überfordern. Diese
Neigung hat er im Lauf der Jahrmillionen
entwickelt, um seine Leistungsfähigkeit zu
steigern, was funktioniert hat und immer
noch funktioniert. Der Nachteil ist
psychischer Natur: Mit seiner Disposition
zur Selbstüberforderung wird der Mensch
seine Ziele im Allgemeinen nur teilweise
erreichen, wird sich daher grundsätzlich

als unzureichend erleben. Er empfindet dieses intrinsische Versagen, das ihm anhaftet, als eine Art von Schuld, die er mit seiner Existenz verbindet, ohne sie genauer definieren zu können (Liegener, 2015): „Durch die spezifischen Herausforderungen der Umwelt in der Frühzeit der Menschheit wurden hauptsächlich die Menschen selektiert, die sich stets leicht überforderten, dadurch mehr leisteten. Die zwangsläufige Unzulänglichkeit beim Erreichen ihrer zu hoch gesteckten Ziele, die Unfähigkeit, die selbst geschaffenen Ideale zu verwirklichen, führte in der Folge zu Schuldgefühlen bei den so selektierten Menschen.“

Es gibt noch eine andere Sicht auf die Erbschuld, die damit nicht in Widerspruch steht. Vom psychoanalytischen Standpunkt aus führte Freud die Erbschuld auf den Ödipuskomplex zurück (Freud, 1930, Kap. 7): „Wir können nicht über die Annahme hinaus, dass das Schuldgefühl der Menschheit aus dem Ödipuskomplex stammt.“ Gerade der Muttersohn ist anfällig für den

Ödipuskomplex. Die kollektive Psyche der Menschheit in ihrer männlichen Phase entspricht der eines Muttersohnes (Liegener, 2017a). Das würde die Wirkung des Ödipuskomplexes bei der Menschheit in der mosaischen Zeit und ihre Anfälligkeit für das existenzielle Schuldbewusstsein erklären.

Der Ödipuskomplex der Menschheit entfällt jedoch nach ihrer Transgenderisierung zu einer Muttertochter, da er an das Gender des Sohnes gebunden war. Damit sollte auch die Erbschuld verschwinden. Die Verstrickung des Muttersohnes in die Erbsünde löst sich auf, das existenzielle Schuldbewusstsein wird überflüssig. Die Menschen müssen sich nicht mehr zwanghaft schuldig fühlen.

Auch die Überforderungssituation entfällt, da der Leistungsdruck eine typisch männliche Errungenschaft ist und in der weiblichen Welt nachlässt.

Das Schuldbewusstsein der Menschen verringert sich daher in der weiblich werdenden Welt.

So ist es tatsächlich und es macht sich bereits bemerkbar: in der Abkehr von Formen der Kollektivschuld, sei es bei der Abschaffung der Sippenhaft im letzten Jahrhundert einerseits und bei der Verdrängung nationaler Schuld durch einige heutige Rechtspopulisten andererseits.

In der weiblich werdenden Welt braucht man die Beichte weniger dringend als in der bisherigen männlichen Welt. Sie wird wohl verschwinden. Sicher wird es immer auch die Möglichkeit einer schweren realen Schuld geben, aber damit kann auch die profane Welt mit Hilfe des Justizsystems umgehen.

Wunder

Selten greift Gott so sichtbar in das Weltgeschehen ein wie durch ein Wunder. Von Wundern wurde und wird immer wieder berichtet. Siebzig überprüfte Wunderheilungen wurden allein durch Besuche in Lourdes herbeigeführt und anerkannt (KNA, 12.2.2018).

Sind das Beweise für die Existenz Gottes? Die Kirche hat sie genau überprüft. Irgendetwas Unerklärliches scheint wohl dran zu sein. Die Geheilten empfinden das Geschehene eher als Gnade Gottes, denn als eine Kundgebung. Zweifler werden dadurch nicht immer überzeugt und die, die es glauben, haben es auch vorher schon getan. Nicht das Spektakuläre steht im Vordergrund, sondern die stille Hilfe.

Das größte aller Wunder ist wohl die Auferstehung Jesu von den Toten. Man muss daran glauben, um für die frohe Botschaft des Christentums empfänglich zu sein. Die Bibel will uns dabei helfen, indem sie Zeugen benennt. Leider sind es nur wenige und sie sind alle Anhänger Jesu. Auch sind nur spärliche außerchristliche Erwähnungen dieses Ereignisses zu finden. Flavius Josephus erwähnt es, aber die Textstelle geriet in Verdacht, zugunsten einer christlich gefärbten Darstellung später überarbeitet worden zu sein. Neutrale Augenzeugen werden auch dort nicht erwähnt. Schade, dass Gott uns nicht mehr Beweise überlassen hat. So bleibt für dieses Wunder nur, es zu glauben oder nicht.

Es gibt weitere spektakuläre Wunder. In der weiblich werdenden Welt werden sie weniger werden. Es geht nun eher um das Erleben des Wundersamen, das Teilhaben am Esoterischen als um das Publikumswirksame.

Leisere Wunder werden die großen ersetzen. Gotteserlebnisse, bei denen nicht einmal geklärt werden kann, ob sie einen objektiven Hintergrund haben oder in der Psyche des Erlebenden begründet sind. Ist das wichtig? In der sich immer mehr verbreitenden weiblichen Einstellung ist die

Wirkung der Wunder wichtiger als ihre Untersuchung.

Es wird künftig mehr darum gehen, die Wunder im Kleinen zu sehen: einen Schmetterling, eine Blume, einen Sonnenstrahl, eine Schneeflocke. Das sind Phänomene, die sich von der Wissenschaft erklären lassen, aber dennoch wunderbar sind. Es muss nicht mehr das klassische Wunder sein, das sich nicht anders als durch das Wirken Gottes erklären lässt. Bei den klassischen Wundern ging es um Beweisbarkeit. Das war die männliche Welt. In der neuen Welt spürt man Gottes Wunder in den Kleinigkeiten. Es geht nicht mehr darum, Gott zu beweisen, sondern, ihn zu spüren.

Wenn es mir gestattet ist, noch eine nicht ganz ernst gemeinte Bemerkung: Manchmal schüttelt man doch verwundert den Kopf, wie unsere Welt noch funktionieren kann, bei all der überall zu beobachtenden menschlichen Dummheit (meine eigene nicht ausgenommen). Das geht beim Klimawandel los, setzt sich mit den Versäumnissen bei Corona fort und endet bei der

Vernachlässigung des Pflegekräftemangels. Von all den kleinen Ärgernissen gar nicht zu reden. Trotzdem geht es irgendwie immer weiter. Kann das nicht auch als ein Wunder angesehen werden?

Rückkehr zum Urvertrauen

Wir kehren mit der zweiten Transgenderisierung gewissermaßen zum Zustand vor der ersten Transgenderisierung zurück. Sicher, wir haben uns weiterentwickelt, nicht nur technologisch, sondern auch konzeptionell. Unser Bild von Gott ist derart ausgebaut worden, dass es als ein Ebenbild von Wittgensteins Leiter dienen kann. Wir haben die theologischen Bemühungen gebraucht, um zu einem neuen Verständnis von Gott zu gelangen. Damit nähern wir uns einer neuen Vorstellung an. Diese neue Vorstellung beinhaltet die Erinnerung an unsere Vergangenheit und die Erkenntnis unserer eigenen Unzulänglichkeit und Unwissenheit. Während die Allgegenwart Gottes wieder stärker ins Zentrum rückt, bleibt die Bewältigung zeitgemäßer Themen notwendige Aufgabe. Man kann es mit einer Wendeltreppe vergleichen: Wir erreichen die ursprüngliche Plattform auf einem höheren Stockwerk – vertraut und doch anders.

Damals war es die Natur, der wir vertrauten, die wir verehrten. Heute müssen wir die Zivilisation miteinbeziehen. Sie ist nicht ganz so schlecht, wie mancher denkt, entstand sie doch aus einer langen Auseinandersetzung des Menschen mit der Natur. Und sie wird wieder besser werden. Auch hier können wir, wenn wir danach suchen, das Gute in allem entdecken. Wo nicht, können wir es gestalten. Das Schmücken der Höhle ist weibliches Charakteristikum.

Leider wird es trotz allem nie so sein, dass alles in der Welt gut ist. Wir können jedoch darauf vertrauen, dass das Schicksal für jeden von uns mit der Vollendung seines irdischen Lebens gut wird. Es ist ein blindes Vertrauen, ein Vertrauen, wie wir es im Kindesalter von unseren Müttern gelernt haben, ein ursprüngliches Vertrauen in das Gute der Welt, ein Urvertrauen.

Dazu muss nicht eine Person spezifiziert werden, in die man vertraut. Man vertraut einfach darauf, unter einem unsichtbaren Schutz zu stehen, man kann es Gottes

Schutz nennen. Der Unterschied zum Dogmatismus besteht darin, dass man über Gott nichts wissen muss. Er spielt die Rolle der Eltern in der Kindheit. Das gibt uns Sicherheit, ohne dass wir explizit etwas dafür tun müssen. Wie Kinder erwidern wir andererseits diese empfangene Liebe und fühlen ein Bedürfnis, uns nach den Wünschen unseres Beschützers zu verhalten. Wir befolgen Gottes Gebote aus Liebe und Dankbarkeit, nicht aus Angst vor Strafe.

Was bedeutet das für die Frage nach Gott? Jeder, der Trost in Gott gefunden hat, wird antworten, dass Gott existiert und in der Welt wirkt. Die Skeptiker werden auf Placebo-Effekte verweisen. Wer hat recht?

So einfach ist es nicht. Der Begriff der absoluten Wahrheit ist für die Wissenschaft wichtig gewesen. Sonst hätte man über die Phänomene der Welt nicht diskutieren können. Mit dem Aufkommen der Quantentheorie wird die Situation komplizierter. Die Phänomene hängen in dieser Theorie vom Beobachter ab. Das gilt für den Mikrokosmos, aber man könnte diese Auffassung auch auf andere schwer zugängliche

Phänomene wie die Existenz Gottes ausdehnen. Es steht uns Menschen einfach nicht zu, allgemeingültige Aussagen über Gott zu machen. Seine Existenz – dieses Wort verliert damit seine ursprüngliche Bedeutung –, ist beobachterabhängig.

So muss man wohl zugestehen, dass für den einen Gott existiert, und zwar real in dessen persönlichem Kosmos, für den anderen wohl tatsächlich nicht. Ich für meinen Teil möchte jedem Menschen wünschen, dass Gott für ihn existiert. Es ist ein Segen.

Die Gemeinde

Männer und Frauen geben ihre Erfahrungen verschieden weiter. Männer erklären ihren Kindern die Welt, während Frauen ihren Kindern vorleben, wie man sich in der Welt verhält. In der männlichen Welt wurde uns die Religion mit Hilfe der Bibel beigebracht. Dort ist alles aufgeschrieben und muss angeblich nur richtig verstanden werden. In der weiblichen Welt tritt das Gemeinschaftserlebnis in den Vordergrund. Die Gemeinde bildet Verhaltensweisen aus, die Neuankömmlinge übernehmen. Man ist nett zueinander; das lernen die Jungen von den Alten. Selbst wenn die Nettigkeit einmal nicht aufrichtig gemeint sein sollte, so bestimmt sie doch den Ton und der ist angenehm.

Der wortorientierte Gottesdienst weicht einem Fest, wie das letzte Abendmahl eines war. Nach Lukas soll Jesus bei diesem Essen gesagt haben: „Tut dies zu meinem Gedächtnis!"

Gemeinsam zu feiern, zu essen, zu trinken, zu singen und zu tanzen und dabei an Jesus zu denken, ist heute zeitgemäß. Jesus war seiner Zeit weit voraus.

Bereits seit einiger Zeit bemühen sich die Kirchen, durch Freizeitangebote Gläubige zu gewinnen. In Zukunft wird das nicht mehr Mittel zum Zweck sein, sondern gelebter Glaube.

Die Rolle der Kirchen wird nicht mehr sein, Vorschriften zu erlassen, sondern Lebenshilfe zu leisten, sowohl theoretische als auch praktische.

Der Prozess hat bereits begonnen. Die Demokratisierung einer so konservativen Organisation wie der Kirche ist nicht einfach, doch hat sie erste Reformen hervorgebracht (man denke nur an die Durchführung der Kommunion), stößt aber naturgemäß auf Widerstände. Dennoch ist die Diskussion angestoßen worden und wird wohlwollend geduldet. Seelsorge und Hilfe für Bedürftige wurde immer schon geleistet, seit es Kirchen gibt. Hier hat sich die Leistung intensiviert, insbesondere dadurch, dass auch Laien in die Hilfsprogramme eingebunden werden.

Manche von denen, die den Kirchen den Rücken gekehrt haben, werden womöglich umkehren, die Gemeinschaft suchen und finden. Wahrscheinlicher aber ist, dass die Gesellschaft selbst sich in einer Weise weiterentwickelt, die separate Organisationsformen wie Kirchen überflüssig machen wird, weil für alle gesorgt sein wird, körperlich und seelisch.

Ganz modern auch: Keiner wird ausgeschlossen. Selbst Judas ist dabei. Wenn auch das wiederentdeckte Judasevangelium eine neue Diskussion über die Rolle Judas' entfacht hat, so dürfte doch unstrittig sein, dass er von den Evangelisten für schuldig gehalten wurde. Trotzdem wird seine Anwesenheit beim letzten Abendmahl von ebendiesen Evangelisten bestätigt. Allumfassende Liebe wird unter Jesu Führung praktiziert.

Dieses Gemeindeleben dürfte die Zukunft der Kirchen darstellen und in dieser Weise werden sie vielleicht weiterexistieren, vielleicht sich in größeren Strukturen auflösen. Kirchen und weltliche Gemeinschaften werden zusammenwachsen.

Die strengen Hierarchien werden weichen, die Kirchen werden demokratisiert werden. Man bewegt sich vom Episkopalismus weg, hin zum Kongregationalismus. In den neu entstehenden Gemeinschaften wird es keine Hierarchien mehr geben. Jeder bringt sich ein, wie er kann. Man mag sich gegenseitig Ratschläge geben, befehlen wird man nicht. Die bisherige auf hierarchischen Prinzipien beruhende Sozialisation wird durch neue, freundlichere Formen ersetzt werden.

Gebet

Meist kommuniziert man mit Gott durch das Gebet.

Das Wort „Gebet" hat etymologisch mit dem Wort „bitten" zu tun und so wurde es lange Zeit auch verstanden. Man bat um bestimmte Dinge oder Ereignisse, schrieb die Wünsche zuweilen sogar auf ein Zettelchen, hinterließ dieses an einem geweihten Ort und zündete eine Kerze an. Das spezifische Bitten ist heute seltener geworden, da man inzwischen erkannt hat, dass der Mensch gar nicht wissen kann, was am besten für ihn ist, um was er wirklich bitten sollte.

Stattdessen gibt es immer häufiger unspezifische Gebete, ganz allgemein gehaltene Gebete um göttliche Fürsorge. Sie sind Ausdruck des Gottvertrauens.

Vorherrschend sind aber die Dankgebete, oft einfach nur das Innewerden der eigenen Geborgenheit in Gott. Dieser tief empfundene Dank führt zum seelischen

Wohlbefinden des Betenden. Er ist extrem wichtig in der weiblich werdenden Welt.

Zunehmen wird auch das gemeinsame Gebet. Das gab es auch schon früher in der Kirche, aber damals frontal nach vorne ausgerichtet, wie in einer Monarchie. Heute betet man lieber einander zugewandt, im Kreis.

Andere Möglichkeiten als die verbale Äußerung werden für das Gebet entdeckt: Meditativer Tanz, bildende Kunst, Musik, Gebärden. Bei der Kunst steht nicht das Ergebnis im Vordergrund, sondern der Vorgang des Schaffens. Ein weibliches Phänomen. Wie schon erwähnt: Männer verhalten sich zielorientiert, Frauen vorgangsorientiert (Pease & Pease, 2002, S.195). Früher ging es um die Kunstwerke, heute um das gemeinsame Erlebnis. Früher wurde der Künstler verehrt, heute ist jeder ein Künstler.

Diese Entwicklung hat bereits vor einiger Zeit begonnen. In den 60er Jahren wurden das Happening und der Fluxus entdeckt. Abwandlungen davon werden wiederkommen, in weniger wilder Gestalt, da die Provokation nicht mehr gebraucht wird, zumal wenn religiöse Themen im Mittelpunkt stehen.

Meditationspraktiken helfen, ein gemeinsames Bewusstsein zu erlangen. Man kann, wenn man will, versuchen, eine Ahnung von Gott zu bekommen. Ähnliches gilt bei der Bewegung, sei es im Tanz oder einer stummen Dramaturgie.

Momente des Glücks

Noch einmal zurück zu dem oben erwähnten Prinzip: Männer verhalten sich zielorientiert, Frauen vorgangsorientiert (Pease & Pease, 2002, S.195). Dementsprechend brauchte man in der männlichen Welt das Jenseits, auf das man hinarbeitete. In der weiblichen Welt sind es die kleinen Momente des Glücks, die zählen. Diese einzelnen wunderschönen Momente des Lebens, an die man sich immer erinnern wird: Sie sind es wert, dafür zu leben, selbst wenn die Erinnerung eines Tages verblassen sollte. Es hat sie gegeben und es gibt sie immer wieder. Sie existieren für die Ewigkeit, sind unlöschbare Ereignisse im Raum-Zeit-Kontinuum.

So viel Gutes gab es im Leben: gemeinsame Kinderspiele, die Liebe der Eltern, ein gutes Gespräch, ein Ausflug, eine Reise, ein Rendezvous, der erste Kuss, Verliebtsein, die Wunder der Natur, Genesung von einer Krankheit, Trost in einer schweren Zeit, die

Geburt eines Kindes, ein intensives Gebet usw. usw. Jeder kennt so etwas.

Natürlich gibt es auch die schlimmen Momente, aber ohne sie wären die schönen Momente nicht so schön. Schlechte Erlebnisse senken die Ansprüche an das Glück. Es braucht dann nicht mehr viel, um Glück zu empfinden. Es mag das kleine Glück sein, aber Glück wird nicht gemessen. Man muss es würdigen, wie es kommt.

Man kann diese Momente des Glücks als Geschenke Gottes betrachten und Gott in ihnen finden. So tritt er unversehens immer wieder in unser Leben. Man kann darauf vertrauen.

Literaturverzeichnis

Basad, J. S. (2019). Männer tragen eine 12000 Jahre alte Gewaltgeschichte im Körper. Interview mit Klaus Theweleit. *Neue Zürcher Zeitung*, 40.

Brugger, W. (1980). *Der dialektische Materialismus und die Frage nach Gott.* München: Berchmanns.

Clark, N. (2015). Stephen Hawking: Aggression could destroy us. *The Independent*, Ausg. v. 19. Feb.

Diehn, O. (1971). *Die Frage nach Gott in vier Fragehorizonten.* Stuttgart: Calwer.

Freud, S. (1930). *Das Unbehagen in der Kultur.* Wien: Internationaler Psychoanalytischer Verlag.

Habermas, J. (1985). *Der philosophische Diskurs in der Moderne. Zwölf Vorlesungen.* Frankfurt/Main: Suhrkamp.

Hoerster, N. (2010). *Die Frage nach Gott.* München: C. H. Beck.

Inglehart, R. (1995). *Kultureller Umbruch. Wertewandel in der westlichen Welt.* Frankfurt: Campus.

KNA. (12.2.2018). Kirche erkennt 70. Wunder von Lourdes an. *Katholische Sonntagszeitung.*

Küng, H. (2001). *Existiert Gott?* München: Piper.

Liegener, C.-M. (2017a). *Warum die Welt weiblich wird. Ein Psychogramm der Menschheit.* Leipzig: Einbuch-Verlag.

Liegener, C.-M. (2017b). *Kollektivpsychologische Ursachen des Populismus.* München: GRIN-Verlag.

Liegener, C.-M. (2017c). *Der Verlust des Jenseits.* München: GRIN-Verlag.

Liegener, C.-M. (2018). *Der Untergang der mykenischen Kultur.* München: GRIN-Verlag.

Liegener, C.-M. (2019a). *Machtlos gegen den Klimawandel.* Norderstedt: BoD – Books on Demand.

Liegener, C.-M. (2019b). *Weihnachten für alle: Vorbote einer weiblich werdenden Welt.* Norderstedt: BoD – Books on Demand.

Liegener, C.-M. (2020). *Die Transgenderisierungen der Menschheit.* Norderstedt: Books on Demand.

Link-Wieczorek, U., & Swarat, U. (2019). *Die Frage nach Gott heute.* Leipzig: Evangelische Verlagsanstalt.

McCall, G. (1994). Little Ice Age: Some Proposals for Polynesia and Rapanui (Easter Island). *Journal de la Société des Océanistes, Vol.98,* S. 99-104.

Pease, A., & Pease, B. (2002). *Warum Männer lügen und Frauen immer Schuhe kaufen.* Berlin: Ullstein.

Pilgrim, V. E. (1986). *Muttersöhne.* Düsseldorf : claassen.

Pracher, G. (2009). *Die Frage nach Gott. Der Mensch zwischen Glaune, Hoffnung und Verzweiflung.* München: Grin.

Schaefer, H., Ratschow, C., & Mommsen, F. (1970). *Die Frage nach Gott.* Kassel: Evangelischer Presseverband Kurhessen-Waldeck.

Scherer, G. (2001). *Die Frage nach Gott. Philosophische Betrachtungen.* Darmstadt: WBG.

Schwarz, G. (2007). *Die "Heilige Ordnung" der Männer: Hierarchie, Gruppendynamik und die neue Rolle der Frauen, 5.Auflage.* Wiesbaden: VS Verlag für Sozialwissenschaften.

Thielicke, H. (1973). *Die geheime Frage nach Gott.* Freiburg im Breisgau: Herder.

Wegscheider, B. (2012). *Die philosophische Frage nach Gott.* Saarbrücken: AV Akademikerverlag.

Westby, T., & Conselice, C. J. (2020). The Astrobiological Copernican Weak and Strong Limits for Intelligent Life. *The Astrophysical Journal 896,* S. 58.